PUSHPITA
AWASTHI

HANDPALM
(poezie)

novum pro

Alle rechten op verspreiding, met inbegrip van film, broadcast, fotomechanische weergave, geluidsopnames, electronische gegevensdragers, uittreksels & reproductie, zijn voorbehouden

Gedrukt in de Europese Unie op gerecycleerd, chloor- en zuurvrij papier.

© 2025 novum publishing gmbh
Rathausgasse 73, A-7311 Neckenmarkt
office@novumpublishing.nl

ISBN 978-3-7116-0354-8
Geredigeerd door: Ine van Gerwe
Omslagfoto: Pushpita Awasthi
Ontwerp omslag, lay-out & typografie: novum publishing

www.novumpublishing.nl

Dankwoord

Vertaald uit het Hindi door Dick Plukker, Annette van der Hoek, Lodewijk Brunt.

Inhoud

1. Ik neem je in mij op 11
2. Liefde is geluid 13
3. Vanuit het diepst van de waarheid 14
4. Het genot van ascese 16
5. In woorden bestaat ze 17
6. Woorden van de zon in de zwarte doos 20
7. Het beeld in de rots 22
8. De moddervlekken op de golven van de rivier 25
9. In vogelvlucht 26
10. De noodzaak van behoeften 28
11. Abstracte gevoelens 30
12. Een pleidooi voor overgave 32
13. Droom in een droom 34
14. Gestokte woorden tussen de ribben 35
15. Van een naamloos zijn 37
16. Gevleugelde woorden 38
17. Prikken in de kleurrijke ballonnen 39
18. Als het kirren van baby's 40
19. Dankzij jullie inspanning 41
20. Door middel van kinderplaatjes 44
21. Maanlicht 45
22. Ik ken je 46
23. Zoals de Here dat gedaan heeft 48
24. De brief 50
25. De ontmoeting 52
26. Een stortvloed van woorden 54
27. De Aarde 57
28. Maskers 59
29. Zaad 60
30. Betraand 61
31. De Dichter Michael Sloary 62
32. De dichter Shrinivasi 64

33. Verjaardag 66
34. Hanneke 67
35. Het genieten van eenheid 70
36. Yoga-beoefening 73
37. 'n Zandkleurig teken 74
38. Soms een regendruppel 76
39. Het onzichtbare en zichtbare van het lichaam 77
40. Een schelp aan mijn lippen 79
41. Liefdesvuur 80
42. Handpalm 81
43. Liefdeshemel 82
44. Onuitwisbare inkt 83
54. Twee-en-halve lettergreep 85
46. Eigenheid 86
47. De Ganges aan de oever van
    een Surinaamse rivier 87
48. Denkend aan het moederland 88
49. Voor de dromen van kinderen 89
50. 't Goud in je handen 92
51. God 93
52. Cees Mourik 94
53. Peter Brands 97
54. Het graan van vertrouwen 100
55. Zielskunstenaar 102
56. Burgemeester Hans Cornelisse 103
57. Zon 107
58. In de palm van mijn hart 108
59. Onsterfelijke Indiase Dorpen 109
60. Het dorp Nauders (Oostenrijk) 110
61. Burgemeester Piet Bruinooge 112
62. Herman van Veen 115
63. Jasper Cillessen 122
64. Onuitwisbaar spiegelbeeld 124
65. Bedroefde boezemvriend 126

1. Ik neem je in mij op

Zoals de lege aarde
het zonlicht drinkt
na een koude nacht.

Zoals de kale grond
stofdeeltjes vergaart
na een vernietigende ramp.

Zoals de ademloze aarde
aan de winden lucht onttrekt
na een zinderende storm.

Zoals de gloeiende grond
uit de regen al het vocht opslurpt
na door en door verkoold te zijn.

Zoals de aarde door lawaai verdoofd
de zoete eenzaamheid zoekt
om te leven
na een verpletterende dreun.

Zoals de aarde door verblindend licht verschroeid
in slaap verzonken ligt
in de donkere schoot van de stilte
na een brand.

Zoals de verschroeide,
uitgedroogde grond
leeft van een druppel dauw
na een hevige droogte.

Zoals de met dorre bladeren bedekte aarde
op de voetstap van de lente wacht
en op haar zachte aanraking
die nieuw leven brengt,
net zo
precies net zo
net zo als ik ademhaal
neem ik jou in me op.

2. Liefde is geluid

Schrijf op het berkenblad van je hart
niet een illusie van liefde,
schrijf de waarheid van je liefde.

Kneed en vorm
als met pottenbakkershanden
de klei van je hart,
schep in je hart de gestalte van je liefde,
niet de schijn van liefde.

Laat liefde, geen magie,
als een onaards gevoel
in je ziel zijn.

Vrij kan de ziel zijn van de boeien van het lichaam,
onuitgenodigd
kan zij naar het huis van verlossing gaan
en zal dan nimmer wederkeren.

Liefde is het geluid
van het instrument van het lichaam,
stem het in opperste toewijding
als een toegewijde.

Liefde is muziek van snaren,
oerklanken van ongedeelde tijd – eindeloze liefde.

3. Vanuit het diepst van de waarheid

Jij
bent bij mij
als geluk
zoals aarde bij wortels.

Je raakt
me aan
zoals de zon de aarde aanraakt.

Je leest
alles wat ik ben
zoals ogen alles lezen
de woorden en zuchten voorbij.

Jij
bent bij mij
als de waarheid uit een droom
zoals het zien bij ogen hoort.

Alleen al
omdat jij bestaat
leefden dromen in mijn ogen,
versmelten met mijn liefdeslichaam.
de lijnen en de kleur van de droom
stralen in mijn lichaam.

Geur van versgekookte rijst stijgt op:
droomhonger
wordt gestild
alleen al door
dicht bij jou te zijn
zoals het wolkenlichaam bij een besneeuwde top,
samengetrokken in zichzelf
hangend aan de toppen
verlangt smeltend te regenen op de gletsjer.

4. Het genot van ascese

Het lichaam
is een plaats van ascese,
niet van genot.

Voor de ogen de ascese van ogen,
de ascese van lippen voor lippen,
de ascese van handpalmen voor handen,
omzetten van ervaringen
in ervaringen.

Ogen,
die zien, beoefenen ascese;
oren, ook al horen ze,
sluiten zich af;
handen, ook al gebaren ze,
blijven kalm;
adem,
die onrustig is, blijft regelmatig;
het hart,
dat overslaat,
klopt.

5. In woorden bestaat ze

In woorden
legt ze
haar bestaan
vast.

In woorden legt ze
haar verlangens vast,
in woorden
giet ze
de nectar van haar sympathieën.

Woorden gebruikt ze
als haar schatkamer
en ze bewaart daarin
woorden van liefde
de flonkerende juwelen van haar geest
en het goud van haar lichaam.

Aan woorden
vertrouwt ze toe
de pijn van
verstikkende zuchten
haar hete tranen
de eenzaamheid van haar ziel
en haar intense lijden.

In haar woorden
zegt ze alles.
haar woorden
spreken niet,
ze openen
alleen hun ogen
en in hun onderzoekende
ogen
dalen woorden neer.

Gehuld in woorden is zij.

In de handpalm
van de woorden
brengt ze de henna van liefde aan
en in liefde schept ze woorden,
in woorden de magie van liefde
die niet te zien is,
maar die zich
in alles wat zij voelt uit
als onsterfelijk geluk.

In de woning van het woord
geeft ze betekenissen,
met haar levensadem
bezielt ze de woorden,
de liefdesgeloften van haar adem.

Betekenis
krijgt een nieuw woord
in een strijd van ziel met ziel;
in het gevecht met de demon in jezelf
wordt het nieuwe woord geboren
dat ze zelf boetseert
buiten het woordenboek om
uit zichzelf in zichzelf
misschien buiten zichzelf voor iemand anders.

In woorden
legt ze haar bestaan vast
en in de ongebruikte woorden
ziet ze zichzelf
en juist aan hen ontleent ze
levenskracht
voor haar stokkende adem
en het licht van haar ogen.

In woorden
vermeldt ze
de tijd die haar rest
en de hartenklop van de tijd.
In woorden
legt ze de woorden van haar ziel,
door haar god bezield
schept zij nieuwe woorden van liefde.

6. Woorden van de zon in de zwarte doos

Het eeuwengetij presenteert zich
zoals een pen
op een onbeschreven vel papier.

De rivier des tijds
slibt eilandjes aan op haar boezem
zoals wij, net kinderen,
speelgoedhuisjes bouwden
onder de illusie
dat wij prachtpanden opzetten
ondanks het feit dat
de tanden des tijds met de jaren verrotten.

De vlieger van begeerte in de ogen dringt zich op
aan de lucht des tijds,
voordat de zon ondergaat
terwijl de maan opkomt,
en komt de hele nacht door als een droom
aangefladderd aan het twijntouw
dat niet ingebonden wil worden
slechts ter wille van het inbinden.

Tijd is nogal doorschijnend
opgelost in het bloed als het ware
terwijl hij zich in woorden uitdrukt
en zichzelf voortdurend blootlegt
en onvermoeibaar tikkertje speelt
waarbij ik hem somtijds aantik
en hij mij, in een vlaag, te pakken krijgt.

In het land des tijds
verworden wij somtijds tot tijd
somtijds overwoekert ons de tijd
somtijds vergroeien wij met de tijd
en de tijd met ons
altijd is de tijd,
uit het gezicht
maar altijd gevangen in de blikken.

7. Het beeld in de rots

Door hun devotie
creëren zij liefde
met hun door geloof
bezwangerd gemoed
diep in zichzelf
produceren zij
een nieuw
soort volkskunst.

Door hun devotie
worden zij eindeloos vervuld
met geloof en liefde
die weerspiegeld worden in hun in
vervoering gebrachte ogen
die galmende stilte van hun lippen
weerkaatsen
en een ongestoorde kalmte in hun
zielen
tot stand brengt
waar verering overgaat in liefde
waar verering is liefde.

Door hun devotie
verlangen zij er vurig naar om in
vervoering
te geraken
na het *nirjala vrit*[1]
devotie
vereist totale overgave aan
het beeld van
verering
verrijzend voorbij de ziel
wordt de aanraking van het stenen
beeld
van hun devotie
in hun handen veranderd,
als gevolg van hun aanraking,

in een gewaarwording van de
goddelijke
kracht
van hun voorwerp van aanbidding
die als het ware opgelost in hun bloed
stroomt.

---

[1] een manier van vasten waarbij er zelfs helemaal geen water gedronken wordt

Juist door hun toewijding
worden zij aangeraakt
als het ware door de vader van de rots
zoals dit ook het geval is met de
moeder der
rivieren
vroomheid
schenkt grenzeloze liefde
een waarlijke zee van honing
waarvoor de benen zich zouden haasten
om telkens hiervan getuigen te zijn
door hun ongebreidelde diepe
passie voor toewijding
hopen zij te bereiken
het onbegrensde wezen van de ziel
dat, in de ogen van de aanbidders,
het stenen beeld met goddelijke luister bezielt
net zoals het lichaam
zichzelf met liefde animeert.

8. De moddervlekken op de golven van de rivier

Zelfs nadat de zon gezonken is
blijft zijn hitte achter
zelfs na het opdrogen van de tranen
blijft de zilte smaak hangen.

Wanneer de rivier door haar getij heen is,
is zij besmeurd met modderige vlekken die
op lettertekens lijken
ofschoon je ver van mij weg bent
is jouw parfum in mijn neusgaten
blijven kleven.

Zelfs in mijn eigen gouden dromen
in het holst van de nacht
nadat de zon ondergegaan is
gaan jouw welsprekende woorden van trouw
in het diepst van mijn hart verloren.

Wanneer de goede oude tijd verandert
en voorbijgestreefd wordt door de rivier des tijds
lukt het sommige druppels toch
deel te worden van de rivier
ondanks het zinderen van het getij
net zoals sommige dorre plekken
in de wereld toch in staat blijken
te zijn het bloesemen van het
ontkiemende zaad op prijs te stellen.

9. In vogelvlucht

Een vogel
spreekt geen enkele taal
van welk land dan ook
zij wil zichzelf niet eens
scheiden van de lucht.

Een vogel
heeft geen tranen in de ogen omdat
zij weet te vliegen.

Een vogel
is nooit gekortwiekt omdat
zij geen behoefte heeft
om te triomferen
in welke oorlog dan ook.

Een vogel
geeft haar kuikens geen namen
zij wil niet dat zij
ingedeeld worden in verschillende credo's.

Een vogel
grijpt naar niets om zich heen
zij vliegt maar
en wil alleen maar vliegen.

Daarom verzamelt zij niets
noch overdag
noch 's nachts
bezit geen nest
noch nakomeling
zij heeft geen keuken
noch een voorraadkamer
de hele wereld
is haar groene woonplaats
de vogel bezwangert de lucht met haar
vliegen – een bloem in de lucht
een kleurige, fleurige, fraaie en hemelse bloem.

10. De noodzaak van behoeften

Wanneer men honger heeft,
verlangt men naar brood
wanneer men dorst heeft,
verlangt men naar schoon, puur water.

Wanneer het nodig is
om de handen uit de mouwen te steken
dan heeft men behoefte aan sterke armen
innerlijke kracht
maar niet het brute geweld van een dier
om te leven.

Heeft men een huis nodig
geen marmer omgeven muren
om een bestaan te hebben
heeft men behoefte aan liefde
en niet slechts een verhouding
men heeft dan iemand nodig
hetzij man
hetzij vrouw
maar niet elke man of vrouw.

Voor liefkozing
heeft men behoefte aan geloofwaardige woorden
oprechte woorden van liefde.

Voor boosheid
heeft men de juiste woorden nodig
voor een revolutie
heeft men sterke woorden nodig.

Om doordrenkt te worden
heeft men een stortbui nodig
en geen stoombad in de badkamer.

Om te ademen
heeft men behoefte aan pure frisse lucht
voor een goed lied
is gevoel van de zangers nodig
en niet slechts hun geneurie
ware dat er een waardig plantsoentje
tevoorschijn kwam
telkens wanneer de pot te pletter viel
en niet slechts het gekletter.

11. Abstracte gevoelens

Een heel leven
hangt af
van slechts een aanraking.

In deze ene aanraking
ligt besloten een
onverwoestbaar bouwsel
ongeacht wat er rondom gebeurt
of er nou dingen als vonken in het rond
vliegen
of
in elkaar storten
maar
de onaanraakbare gevoelens zullen blijven
zo zeker als
de aarde rond haar as
zal draaien
zo zeker als
de waarheid door woorden gedragen zal
worden
zo zeker als
liefde blijvend
in de ziel zal zijn.

Ofschoon
de ziel niet gezien kan worden
noch liefde
noch de geest
en het evenmin mogelijk is geweest om te zien
hoe de aarde om haar as draait.

Waarheid is niet zichtbaar in de woorden die
slechts gelezen werden
maar wordt wel ervaren
net zoals liefde die puur gevoel is.

12. Een pleidooi voor overgave

Ophouden met fladderen
betekent voor de vogel
zoveel als
het opgeven van haar hitte door de zon
of het eisen van de wind
om niet meer te waaien.

Hun dorst vergeten
betekent voor de lippen van de rivier
zoveel als
het effectief opgaan van eenzaamheid
in stilte
of het begraven van zwijgzaamheid
op een afgelegen plek.

Daarna
ja ... daarna
wordt alles verzameld
dat voor erkenning moet zorgen.

In de tempel
wordt alles bereids aan god gegeven
als teken van eerbied
voor een intense gemoedsrust.

Oorverdovend
is de stilte
gelijk een boek.

De stift
tussen de vingers van de hand geklemd
krast beverig de krampachtige woorden
op de regels
de ziel, echter,
niet wetend hoe zijn verhaal te presenteren
wil aan anderen uitleggen
begrip te tonen dat
ambitie ambitie is
maar ... dat god god is.

13. Droom in een droom

De droom om een rivier te worden
is in de ogen
van het klare water.

De droom om een zee te worden
is in de ogen
van de wispelturige rivier.

De droom om een wolk te worden
is in de ogen
van de stormachtige zee.

De droom om hun dorst te lessen
is in de ogen van de samenpakkende wolken.

De droom om jou te bezitten
is te zien
in mijn onrustige ogen
net zoals
aangename dromen
te zien zijn in de ogen
van de wereld.

14. Gestokte woorden tussen de ribben

Sommige woorden
hopend uit het papier te kunnen ontsnappen
kwamen als vogels of vlinders
aangefladderd.

Sommige woorden
als parfum
wensen in het papier opgenomen te worden.

Sommige woorden
ongeacht welke vorm zij aannemen
zijn alleen van zichzelf bewust
maar wanneer
zij in handen van mensen belanden
worden zij gevaarlijk
zelfs voor deze zelfde mensen.

Er is geen gevoel
van plezier meer
in betoverde woorden
en de woorden van de mensen
scheiden nog steeds de wasem van hun
animaliteit af.

En nu
hebben wij zelfs nepbloemen
van papier en plastic
waarvan men hun geur
in doorzichtige flessen hoopt op te bergen.

Nieuwe namen, dan
worden gegeven aan deze bloemen
waarvan men hoopt dat die ze laten floreren
zoals dit het geval is met
geld
worden mensen omgevormd tot
computers en elektronica
met 'robot' als hun nieuwe naam
maar sommige van deze woorden
onzinnig en zonder betekenis
hebben alleen nog hun holle klank behouden
en zij
realiseren zich niet op tijd
dat zij niet meer geloofwaardig klinken
op hun papieren bed
maar als de laatste ademtocht
in de borst
van een oude patiënt
die elke keer waarop hij op het punt staat
om de geest te geven
rochelt.

15. Van een naamloos zijn

Zij
is
als een rivier
immer waakzaam
zij
staat
als een berg
immer rotsvast
zij
is
als de wind
onophoudelijk
in beweging
zij
is
soms
niet in staat
een glimp te vangen
van de getijden
in zichzelf
zij
is
soms
niet in staat
een bad te nemen
in haar eigen rivier
zij
is
soms
niet in staat
te genieten van
haar eigen smaak.

16. Gevleugelde woorden

Zij
leest niet eens
haar eigen geschrijf
dat anderen stelen
en hun eigen naam
daaronder plaatsen.

In het leven van de mens
zijn vrijheid en begeerte
belangrijke woorden
waarmee hij ook beschreven moet worden.

Maar wanneer haar tranen verworden
tot de eentonige weeklacht van de koekoek
waarbij zij het zout van haar eigen ogen smaakt
hoe zou zij dan kunnen ophouden met wenen
tegen de onophoudelijke stroom uit haar ogen.

17. Prikken in de kleurrijke ballonnen

Onze eigen realiteit staat geschreven met
tranen in de ogen
(men vertrouwt de inkt van
het geschreven verhaal niet).

Onze eigen realiteit staat geborduurd als
herinneringen in de lach op de lippen.

De naald waarmee in
de kleurrijke ballonnen geprikt zal worden
zal de herinneringen,
geborduurd door de dromen,
met een knal van pijn in het gemoed
ontrafelen
(net zoals de ballon die met eigen adem
opgeblazen is als gom zal kleven aan de longen).

Een nieuw woord voor het gehele lichaam
is gewenst
in zoverre dat
het gemoed er ook duidelijk zichtbaar bij
betrokken is
want net zoals de ogen zichtbaar zijn
aan het lichaam
zo ook spreken de ogen boekdelen
in een emotionele verhouding.

Het lichaam begrijpt niet
de smart van het gemoed
dat slechts de ziel verstaat
en de ogen vertellen ook over hun eigen angst
door onophoudelijk te knipperen.

18. Als het kirren van baby's

Net als mijn jeugd
is het mijn geluk vergaan
als een vrolijk briesje lucht.

Net zoals de moessonregens
voortkomen uit zee
in een plotselinge, snelle en overweldigende
stoot van de storm
die niet naar de rinkelende
geluiden van de berg
luisteren, zoals de
kiezels die de rivier meesleept
of gedurig in exquisiete stukken slijpt.

Gelijk een brok steen
gestopt in de zachte en tedere handjes van
een zuigeling,
in een speelse droom, om zacht en glad te
slijpen
alsof zij in staat is hem in de mal van de
greep van hun handjes te vormen.

Gelijk een baby in een wiegelkrib
een blijde en kirrende kreet slaakt
zoals een ieder die in verrukking is
doet.

19. Dankzij jullie inspanning

Zij zijn
de veldarbeiders in de zon
om mijn honger te stillen.

Zij zijn
de fabriekswerkers
ten behoeve van mijn gemak.

Zij zijn
de door de zon omkranste
wegenbouwers en spoorwegarbeiders
voor mijn reiscomfort.

Zij zijn degenen die
hun handen
slaap
dromen
opofferen om mij
een gerieflijk leven mogelijk te maken.

Ofschoon zij
arm
ongeletterd en
plattelanders
zijn
voor wie er geen plaats is in de trein of bus
en hun kinderen de sociale
voorzieningen
ontberen
ja, zelfs niet eens beschikken over een
lijkwade
wanneer zij creperen.

Ofschoon
zij een mond hebben
zij geen recht van spreken hebben.

Zij zijn
de mensen die voor mijn gezin zorgen
het zijn hun kinderen die op de mijne passen,
hun vrouwen die mijn huishouden doen.

Zij zijn
degenen die
door naar een bestaan te zoeken
mij mijn bestaan verschaffen
net zoals de wolken de aarde nodig hebben
om de regen op te laten vallen
zo verlangt de aarde naar zaden
die op hun beurt hunkeren
naar de natuurlijke kringloop der dingen
net zoals woorden betekenissen nodig hebben
willen betekenissen zinvol zijn
en het leven heeft mensen nodig
de mensen, de natuur om te bebouwen.

Zij zijn
de zwijgzamen
die met hun ogen spreken.

Zij zijn
degenen die bij het vouwen van de
handen het geheim van tweedracht
ontvouwen
ofschoon de knopen onzichtbaar zijn.

20. Door middel van kinderplaatjes

Op de muren van hun dromen
drukken kinderen
hun voetsporen
in felle kleuren
en scheppen daarmee de zon.

Voor hen is de hemel niet blauw
maar geel
voor hen is de zon niet geel
maar rood
als kleur voor de bomen
hebben zij
reeds groen gekozen
om hun gevoelens uit te drukken
voor iedereen drukken kinderen hun
emoties uit
in alle kleuren van hun hart
kinderen zullen of hun ziel opofferen
of hun namen opgeven om een punt te stellen
kinderen hebben de kleuren van hun dromen
veranderd
die in de toekomst veranderd zullen worden
maar nu
hebben zij gekozen om
hun gevoelens in eigen handen te nemen
terwijl zij hun toekomst toevertrouwd
hebben
aan hun geloof in u.

21. Maanlicht

Ik kijk
naar de maan van liefde
om te zien of
een straal maanlicht
neerdaalt
liefde gelijk.

22. Ik ken je

Ik ken je
zoals
een bloem haar geur kent,
ik ken je
zoals water zijn smaak kent,
ik ken je
zoals
aarde weet wat water is
en water weet wat aarde is.

Ik ken je
zoals een bloem haar blaadjes kent en haar zaad,
ik ken je
zoals winden moessonwolken kennen,
wolken de dorst van de aarde kennen,
ik ken je
zoals
woorden hun betekenissen kennen.

Ik ken je
zoals
seizoenen hun vruchten, bloemen, oogsten kennen,
ik ken je
zoals
de regentijd z'n muggen kent,
ik ken je en behoed je
nu eens voor je buien
dan weer voor mijn winden
zoals
de grond z'n zaad kent
en het zaad z'n grond kent.

Ik ken je
zoals een twijg weet dat wortels nodig zijn
en wortels weten dat ze twijgen moeten voeden.

Ik ken je
zoals
zaden de geur van seizoenen ruiken
en de aarde de onrust van het zaad kent,
ik ken je
zoals
de ziel weet dat het lichaam nodig is,
het lichaam gelukkig is bezield te zijn,
ik ken je
ik zwijg als de ziel
zoals in de ziel
jouw liefde zwijgt.

23. Zoals de Here dat gedaan heeft

Suriname
een land op de punt
van de schouder van het Zuid-Amerikaanse continent
rijst uit de Atlantische Oceaan.

Golven van herinneringen
aan het moederland
overspoelen als een zee
het strand van mijn gemoed
zoals die van de Indische oceaan
zoals die van de Arabische zee
zoals die van de Golf van Bengalen
herinneringen die mij tot gids, in een vreemd land,
zouden kunnen dienen
om mijn vertrouwen rond te leiden.

Bij de samenvloeiing van de Nickerie en Corantijn,
zusterrivieren in Suriname
en een heuse zee in de oceaan op de plek
waar zij in elkaar overgaan,
wordt bij het contact met de rivieren opgeslorpt.

In een rivier van lijden zijn de Brits-Indische
voorouders van de hindoestanen
als slachtoffers naar den vreemde geleid
nadat zij eerst ten prooi gevallen waren
aan de verleidende ontspanning van de ronselaars in 1873.

De rivieren vloeien stilzwijgend in elkaar over
in de boezem van de zee
zoals een pasgetrouwde vrouw dat doen
zou – opgewonden, maar submissief.

Net zoals dat met de verdampte hete
lijdenstranen van de
zwoegende voorouders is vergaan
in de wateren van de
Commewijne en Surinamerivier
net zoals dat met het geween bij
de scheiding van hun familie
en dierbare vrouwen is vergaan in de golven
wordt de smart van de rivieren
opgeslorpt in de zee
zoals de Here dat gedaan heeft!

24. De brief

De brief
zal ontvangen worden en informeren naar
woorden van verdriet
die de tranen zullen afvegen van
de ogen,
de plaats waar de liefde huist
in welke stad dan ook
in elk deel
in elk restaurant
op elke bank
bij het binnengaan van welke herberg dan ook
net als bij het binnenstappen van een gewelf bijvoorbeeld,
maar niet zoals bij het ontdekken van bepaalde
bekende plaatsen
die alleen maar
een geschiedenis te bieden hebben
met droge gegevens

en de efficiëntie van de postdiensten
de brief
wiens woorden de tijd zullen overbruggen
soms door betraande ogen
soms met bevende, droge lippen
soms met lange, diepe en uitgeputte
zuchten van geluk
wanneer de ogen ze zwijgend zullen
opnemen
na de woorden gelezen te hebben zullen ze
het
natte verdriet kennen van
de knagende, stekende en onderdrukte
pijn van stilte en eenzaamheid
die aan niemand verteld kan worden
behalve aan
de ziel van de brief zelf.

25. De ontmoeting

In de verblijde aanwezigheid van de maan
vloeien de zeven rivieren van Suriname
samen in de Atlantische Oceaan.
De Zee!
De zon beschouwt het een grote eer
om getuige te zijn
bij dit liefdesoffer.

De rivieren, de ziel van de aard
voortgebracht door bergen
zijn de met goud gestikte
banieren van de zee.

Het rood van de avondschemering
hetzelfde rood van de scharlaken sindur
uw eerbare rood of het rood van het
zonnevlekje van de tilak
het rood dat het midden van de rivier
bezwangert zoals de
scheidingslijn van het haar op het hoofd
van een getrouwde vrouw
deze rivier midden in de rivieren
geschapen
bloost bekoorlijk van liefde en affectie
en zit tot overvloeiens toe vol passie
de Zeven Rivieren zijn alle aan de
Atlantische Oceaan
toegewijd nadat zij eerst overtuigd
werden
de zeven stappen van de
huwelijksceremonie rondom het vuur
te lopen.

Op de laatste dag van de volle maan
zijn de rivieren bevlekt met een zilveren tint
net zoals dat het geval is na de eerste
huwelijksnacht van pas getrouwden
samen
met de oceaan
heeft de zon de gewijde as gemaakt
in de vroege ochtend
terwijl de Surinaamse vogels zoals
twa-twa en blawki het
wonderlijk lied van de samenkomst der
natuur bezingen.

Door hun heerlijk en veelbelovend
gezang
zingen zij, met de zonsopkomst,
de schrale lucht van bananen, kokosnoten en
een mengeling
van bloemen en vruchten – van de
bruidsnacht der rivieren weg
net als de gezochte zegen van moeder
aarde
dat doet.

26. Een stortvloed van woorden

In Parimaribo
aan de oever van de Surinamerivier
raakt de oever, gelijk de Ganges,
de vochtige zolen van de ogen.

Het lichaam dat met de modder uit
de Ganges gevormd is
wordt nu gewaterd door de
Surinamerivier
die op haar eigen deinende wijze
mijn hart in een sluimer sust
met koele bries van haar golvende
behaaglijkheid.

Verleid door haar kalmte
ga ik naar de dichtstbijzijnde rivier
en net als elke andere
ongeacht haar naam
en die op gelijke wijze
in mijn rivier omvat wordt
en die innig als één verbonden zijn
in het bevloeien van de oevers
terwijl zij kalm stroomt
als honing uit de holte van de
bij elkaar gebrachte handen.

Aan de oever van de Surinamerivier
wellen ontegenzeggelijk en vastberaden
de herinneringen op in India's dochter
een innige verhouding gesmeed met de
rivier
in haar gemoed
een stroom van gevoelens
van verwantschap
in denken
een voortdurende stroom van
liefde waar de rivieren in elkaar
samenvloeien
in een aparte hoek van haar geest
waar een zeer persoonlijke wereld
van fantastische echo's en zonderlinge
echo's
geschapen wordt
die onophoudelijk hun eigen
levensmuziek spelen.

De Surinamerivier gaat voort haar
dagelijks lied
der verwachtingen
het onbehaaglijk lied van een onrustig
volk te zingen.

De golven van de Surinamerivier
verzetten zich hardnekkig tegen een
voorkeur aan
een bepaalde richting in een bepaalde
plek in het geweten
dat voortdurend aan mij vraagt – dit is
mijn verhaal over de Ganges.

Hoe zou je het verhaal moeten vertellen
over
de scheidingspijn van de Ganges
en de Surinamerivier
of van ongeacht welke rivieren dan ook
hoe sla je de juiste toon aan over je eigen
verdriet
dat deze smart zou moeten beëindigen
het lijkt alsof we bouwen op rivierzand
schrijven op de rivieroever –
wegkwijnen van zielsangst
zonder in staat te zijn dit
verstomd verhaal te vertellen.

27. De Aarde

De aarde draagt
als een eenzame vrouw
pijn
van leven.

De mensen krabben aan haar innerlijk
vertrappelen haar uiterlijk
Sommigen versieren en verzorgen haar
voor hun eigen, bedwelmende plezier
zoals men dat doet
met een eenzame vrouw.

Allen kijken, de aarde zelf ook
naar haar stapsgewijze
vernietiging.

Toch,
door haar eigen
niet aflatende kracht
bewaart ze evenwicht
soms door vuur
soms door regen
soms door storm
soms door overstroming
soms door honger
tegen de vernietigende krachten.

Als een eenzame vrouw
beschermt een eenzame aarde
haar bloei
haar regen
haar koelte
haar vruchtbaarheid
haar zuiverheid
haar eigenheid.

28. Maskers

De vrouw bleef stil
terwijl de wereld
sprak.

Zo verstreek
een eeuw.

De vrouw bleef luisteren
naar de holle,
angstaanjagende woorden
van de wereld.

Kinderen noemen ze:
Maskers

29. Zaad

De vrouw verdraagt
en blijft stil,
als de nacht.

De vrouw smeult
en blijft kalm,
als de vonk.

De vrouw beweegt voort
binnen grenzen,
als de rivier.

De vrouw bloeit en draagt vrucht
maar heeft eeuwig honger,
als de boom.

De vrouw druipt en regent
en blijft toch dorstig,
als de wolk.

De vrouw maakt een thuis
maar blijft altijd dakloos,
als de vogel.

De vrouw is een galmende stem
maar blijft stil,
als het woord.

De vrouw baart de man
maar blijft eeuwig dienstbaar,
als het zaad.

30. Betraand

Zij heeft
haar moeders jeugd
niet gezien
maar
van jongs af aan
zag zij haar moeder.

Sindsdien
begint ze alles van haar binnenwereld
te begrijpen
en van de buitenwereld een beetje.

Het lijkt
alsof een vrouw gelijk haar moeder
zich begint te vormen in haar binnenste
net zo vochtig
zijn haar ogen
net zo huilt ze,
in het geheim.

En als iemand haar aanstaart
vanwege haar roodbehuilde wangen
zegt ze snel:
het is van geluk in de liefde
dat mijn wangen rood
en mijn ogen betraand zijn.

31. De Dichter Michael Sloary

Michael Sloary,
wandelend, menselijk bauxiet
van Surinaamse aarde
wiens woorden puur goud zijn
geboren uit de baarmoeder van
goudbezwangerd land.

Puur als bauxiet en goud is hij,
Michael Sloary
Michaels nomadenkop drinkt
van 's ochtends vroeg tot 's avonds laat
de gouden wijn van tropische zonnehitte.

Hij rust niet uit
in de schaduw van bomen die verschroeien
onder een eeuwenoude zon, Michael
Woorden jagen hem voort.

Hij is vriend en medereiziger van woorden,
Michael Sloary.

Van het wegstervend geluid van vogels
maakt hij woorden voor zijn dichtkunst
waarin soms zijn innerlijke schreeuw
soms zijn opgetogen hart
rinkelt, zijn verzen ontginnen,
als mijnwerkers,
de ervaren geest van het Latijns-Amerikaanse
subcontinent.

In de Nederlandstalige krant van het land
verschijnen iedere week
de ogen van zijn geest
als levend document.

Al lopend, verbindt Michael
het stof van zijn lichaam
met het stof van Surinaams
Savanneland.

De wortels van inzicht
ter aarde werpend
wil hij een boom laten groeien
tegen mensen-prijs
een mensenboom
stamboom van Surinaams leven.

Hij hoort de roep
vanuit de verlatenheid:
het lege stukje
op de reclame-envelop, Michael.

Hij schrijft met eigen hand
taal van het hart naar lichaam en geest
De woorden van de Gwaricabi-vogel
kent hij.

Als om in de krant te kunnen spreken
met onbevlekte en verse woorden
als de dagelijkse hitte van de zon
of als een net gedolven mijn.

32. De dichter Shrinivasi

Dichter Shrinivasi heeft
in zijn geboortegrond
met de ploeg van zijn schrijfgerei
woordzaad geplant.

In zijn poëzie
brengt hij Suriname weer tot leven,
met zijn eigen bloed.

Suriname groeit
op Surinaamse grond.

Ook al is hij vijfentachtig geworden
in zijn poëzie is hij jong
als een boer
met de ploeg op de schouder.

Aan de oever van de Surinaamse rivier
in Nieuw Amsterdam
staat de dichter
hij houdt een licht op
voor de poëzie

De inkt die is achtergebleven
in de vochtige ogen
op zijn foto wordt gebruikt
voor zijn volgend vers.

Op de tot jungle verworden oever
van Nieuw Amsterdam
die de doorleefde pijn van eeuwen kent
staan de verzen van de dichter als bomen
Zo ook brengen vogels naar de takken:
nieuwe planten, nieuwe ranken,
nieuwe pluisjes en nieuwe nesten
als dichterspoëzie.

De kanonnen die ooit aan deze oever
als moeders vochten voor het moederland
zijn vandaag stilgevallen;
rusten met het hoofd op de schouders
van hun nazaten.

Als een wachter die op zijn post staat
op de drempel van het politiebureau
aan de oever,
zo staat Shrinivasi's poëzie
als een wapen voor het moederland.

Juist de poëzie is monument voor Nieuw Amsterdam
en Surinames herkenningsteken:
naast de vlag van het politiestation
wappert vrijelijk de vredige banier
van de dichtkunst.

33. Verjaardag

Verjaardagen
roepen herinneringen op:
aan het verstrijken der dagen.

Ze doen afbreuk
aan de levensvatbaarheid van dromen
stelen wat wensen
en vullen de niet te vullen leegte van het leven
ze zijn voetstappen
die de jaarlijkse ommegang van het leven vervolmaken.

Mijn ogen willen de gezichten van de mijnen fixeren;
bedekken met de vreugde van verwantschap
die in de loop van het jaar weer afslijt
door de frictie van eigenbelang.

Ter gelegenheid van een verjaardag
Wil de glimlach het geluk drinken
van ieder welwensend, vrolijk gezicht
al kennen de lippen de leegte van de lach.

Bij het vieren van een verjaardag
willen de handen –hand gevat in hand–
tijdens het groeten,
al het lijden, alle haat, alle jaloezie en hoogmoed vergeten
terwijl ze weten
dat het samenzijn maar een momentje duurt;
dat deze ontmoeting
is voorbestemd tot vergetelheid.

34. Hanneke

Een Europese vrouw
Indiaas van lijf en leven
dat is Hanneke.

Een Nederlandse naam
maar een verwantschap van elders.

Open ogen die niet knipperen
die horende alles zien
heel stil
als een bewegingloze rivier.

In haar ogen herkent eenieder
zijn reflectie
ze schrikt niet op
als iemand komt of gaat.

Haar oren horen ziende alles
zoals
haar ogen horende alles zien,
dag en nacht.

Vaak denkt ze:
of ze nu willen of niet,
ogen moeten alles zien
of ze nu willen of niet,
oren moeten alles horen.

Als lippen nu ook eens zo waren
en steeds de taal van de ziel zouden spreken
dan zag de wereld er anders uit.

Dan zou de wereld niet zo angstaanjagend zijn
en zouden de mensen zich niet steeds onbeschermd weten.

Dan zou het aanzicht van macht en angst
niet veranderen in een wapen.

Zou onafhankelijkheid
niet bekend staan als terreur.

Zouden sloten en patrouilles
niet gelijk staan aan bescherming.

Zouden man en vrouw
generaties van vertrouwen baren
en ieder lid van het gezin
als deel van een lichaam zijn.

Haar ogen zwerven van land naar land
als de aarde, stilletjes.

Ze wil vliegen als een elfje
hand in hand met haar geliefde.

Ze wil ogen zien,
overspoeld door liefde
zoals de aarde
de hele nacht
overspoeld wordt
door de liefde van de natuur:
met bloemen druipend van
dauwdruppels vol stuifmeel;
zich overgevend aan de natuur
ervaart de natuur
het overweldigend liefdesgeluk van de aarde.

In haar eigen stilte spreekt ze boekdelen
openbaart ze antwoorden op niet gestelde vragen
Via haar glanzende, oprechte ogen
voert ze altijd een gesprek.

Hanneke maakt nieuwe kunst van spreken
geeft woorden nieuwe betekenis.

Haar ogen bieden een vrolijke glimlach
en een tedere aanraking
waarvan de zoete klank te horen is
als haar ogen die van haar geliefde ontmoeten.

35. Het genieten van eenheid

Het lichaam
is niet de plaats
voor genot
maar van 't streven naar verbondenheid[2].

Verbondenheid van oog met oog
van lip met lip
van hand met hand
het omvormen van sensaties
tot inzicht.

De ogen bereiken, al ziende,
het verbinden.

De oren, zelfs als ze horen,
de stilte.

De handen blijven, ook opgewonden,
in rust.

---

2 Yoga betekent letterlijk 'verbinding'. Het woord 'yoga' wordt in het bijzonder gebruikt voor de verbinding in evenwicht –en de oefeningen die daartoe leiden– van lichaam en geest. Het Nederlandse woord 'juk' stamt van het Sanskriet 'yoga' af: ook het juk verbindt in evenwicht.

De adem, rusteloos,
is beheerst.

De hartenklop, hoewel verward,
Onaangedaan.

Ook 'praatziek' ervaart het lichaam
Stilte [3].

Het lichaam is niet
de plaats voor genot
maar oefengrond
voor verbondenheid

In het lichaam
komt de zon op
In het lichaam
komt de maan op.[4]

---

[3] In de Hindoeistische filosofie is een stil, bewegingloos 'zijn' de grond van alle dingen.

[4] Onder meer in de tantristische traditie (ong. 10e eeuw AD) een traditie die filosofische inzichten naar het lichaam haalt; in het lichaam ervaart, wordt gesproken over de zon en de maan in het lichaam. Deze bevinden zich links en rechts van de ruggengraat en moeten volgens de literatuur meestal vermeden worden: schipper stuur recht vooruit, volg langs de ruggengraat, het spirituele kanaal omhoog, van het lichamelijk naar het geestelijke'

In het lichaam
bloeit en rijpt
de schepping van de natuur
met zijn eigen vorm, kleur
sap en geur
zodat de ervaringsvreugde
van de aarde
het lichaam naderend,
verbindingsvreugde wordt.

Het lichaam is niet
de plaats voor genot
het is de plaats van het streven
naar verbondenheid.

36. Yoga-beoefening

In de eerste
trilling van liefde
tussen gesloten oogleden
wisten ontwaakte ogen
binnenslijfs
magie.

Stille woorden werden
luidkeels geboren
vervuld van nieuwe ervaringen.

In de vreugdesvlucht van ervaren
proefde ik
de nectar van mijn lichaam
op de lip van mijn geliefde.

Maanstarende ogen
wisten: de vreugde van de maan
krijg je van yoga-beoefening
niet van genotzucht.

Jouw aanraking
voedde: nectar van liefde
mijn eigen aanraking
wil ik vullen met iedere vezel van jouw hart.

37. 'n Zandkleurig teken

In mijn Ganges
besta ik
jouw Yamuna[5]
zoals
in mijn Krsna
jij, mijn Radha[6]

In jouw woorden
raak ik
jouw sneeuw-zijde.

In jouw dorst naar woorden
stil ik mijn eigen zieledorst;
geef ik mijn eeuwig verlangen op.

---

5 Ganges en Yamuna zijn twee belangrijke Noord-Indiase rivieren, waar deze samenkomen zou de mystische rivier Saraswati ontspringen.
6 Krsna en Radha zijn het belangrijkste liefdespaar uit de Indiase middeleeuwse, devotionele verhalen en legenden. Krsna is God, Radha is zijn menselijke geliefde die staat voor 'de mens' en diens relatie met het goddelijke.

Met de boot van jouw woorden
bereik ik
de oorsprong van de Yamuna van jouw hart.

In de kleur van de bloem van de zijde-katoenboom[7]
zjjn zijden knoppen verstopt
en het zandkleurig voorteken
van de bloeiende mosterdbloem
voorafgaand aan het lenteseizoen
is bestemd voor de lente.

---

7 Vogels vergissen zich steeds in deze boom: de grote rode bloemen blijken geen vogels te zijn. In de Indiase poëzie schetst deze boom dan ook vaak het beeld van een teleurstelling.

38. Soms een regendruppel

Op de eilandboezem
van de rivier
schrijven de golven
het hartsverlangen van de rivier
net als ik.

Op de zanderige kust
van de zee
schrijven draaikolken
de droomdraaikolken van de zee
net als jij.

Op de verlaten boezem
van de aarde
schrijft
soms dauw
soms een regendruppel
de weergaloze ballade
van vervuld verlangen
net als ik.

39. Het onzichtbare en zichtbare van het lichaam[8]

Op de drempel van het lichaam
komt liefde
vreugdevol.

De geest, het lichaam indachtig
plaatst in de wandkast van het hart
een niet te doven vlam.

Op de muur van
lichaams innerlijk hart
hangt zij
enkele droomkalenders.

Op de boezem van die kalender staan
liefdeslevende foto's
waarvan aan de voeten
de dynamische film bestaat
de opeenvolgende cyclische jaren, maanden, dagen.

---

8 De begrippen 'nirguna' en 'saguna', letterlijk 'zonder kwaliteiten' en 'met kwaliteiten' beschrijven in de devotionele literatuur en filosofie de twee gangbare opvattingen van het goddelijke: als onbeschrijflijk of juist als te ervaren in de vorm van een specifieke god, meestal Krsna.

Omgeven door het lichaam, binnen in het huis
kookt 'n smakelijk maal van
liefdesgeur
soms om dorst te lessen
soms om dorst op te wekken.

Midden op lichaams binnenplaats
hangt een mooie kooi
waarin een groene papegaai gehouden wordt
die het lied van het lichaam zingt.

Dat is als volksliederen
en als een verhalenverteller
de legende van het hart vertelt.

Binnen in het lichaam
klinken
op de tamboerijn van het hart
het onzichtbare en zichtbare
van het lichaam.

40. Een schelp aan mijn lippen

Woorden op papier
als
een schelp aan mijn lippen.

Mijn hart
een levend boek
van herinneringen aan jou.

God heeft
in ons twee
behouden: liefde
en wij tweeën behouden
in liefde God...

41. Liefdesvuur

Het vuur van liefde
doorweekt
en verbrand
in zijn eigen vochtigheid.

42. Handpalm

Liefde
houd je
in de hand
als een zoete bloem.

geeft bovendien
vleugels
aan woorden
tedere aanraking van natuur
tegen alle wreedheden in.

43. Liefdeshemel

Liefde
opent de lagen van de geest
één voor één
en kleurt de hemel.

44. Onuitwisbare inkt

Je ogen
broeden dromen voor anderen uit
als een vogel die op een nest zit.

Ze gaan op in de zoektocht
anderen geluk te geven
jouw ogen
schilderen geluk
in hun eigen vlekkeloze meer.

Mijn ogen
drinken de schoonheid
van jouw ogen,
worden lippen
waarop schoonheid druppelt
tot aan de rand.

Jouw tulpachtige
ogen
naderend
doven 't vuur
van de eenzaamheid.

Door jouw ogen
leer ik kijken naar de wereld
van de schepping
en ontleen ik kracht.

Voor jouw ogen
wil ik een wereld creëren
waarin geen tranen zijn.

Tranen,
zijn voor de wereld
het water van ogen
maar voor jou
het vuur van verdriet.

Uit jouw ogen
zijn dromen geboren
voor verlaten, lege en bange
maar onschuldige, simpele
ogen!

Uit jouw ogen
komen vredeswegen voort
leidend naar oevers van bodemloze rivieren
ik was ermee:
een gewelddadige wond.

54. Twee-en-halve lettergreep

Kabirs twee-en-halve lettergreep
hebben eensgezind gekozen
om over jou te schrijven
aan de oever van de zee
als een onbeschreven wit blad.

Nieuwe dromen
Hebben met eigen ogen
jou gekozen
om in de ogen van je hart
het licht van de volle maan
te bewaren.

De smeltende temperatuur van liefde
koos jou
om in jouw hand
een handvol glanzend vochtige nectar
te bewaren
zo zielsverwant ben jij.

46. Eigenheid

Als onteerde seizoenen
zijn dromen gevallen
in ooghoeken
in eenzame buitenlandse verbanning.

In de hitte van de zon
smeulen dromen weg
toch blijft het leven
steeds weer nieuwe dromen maken
als buitenlandse vrienden.

Alleen, in den vreemde
komt de herinnering – geschrokken gedachten
het duister rent zelfs voor de maan
de hele vollemaansnacht
in eenzaamheid
als de diepe betekenis
van het woord 'terneergeslagen'.

Wensen blijven nieuwe bladeren
onderzoeken
waar wensen adem kunnen halen
en waaruit andere, nieuwe wensen
geboren kunnen worden.

Wanneer wensen geplaatst worden
in de blauwdruk van wensen
nadert leven, leven.

47. De Ganges aan de oever van een Surinaamse rivier

Een rivier
ontmoet een rivier
en komt erin tot rust.

Een rivier
kijkt in de ogen van een rivier
en moet huilen.

Een rivier stroomt voort
en neemt al stromend de ogen mee
naar de rivier van de geest.

De Surinaamse rivier
verzinkt in mijn ogen
in de zee van mijn geest
op zoek naar de Ganges.

De Surinaamse rivier
vermengt zich, als was ze een woordrivier
als was ze een betekenisstroom
met de Ganges van de geest
om Ganges te zijn.

48. Denkend aan het moederland

Bij verblijf in het buitenland
in hitte en vrieskou
speelt aan de basis van de geest eenzaamheid op
zoals in de wind
het vochtige litteken
van een oude wond.

Van over de zee van verlatenheid
vanuit het botenhuis van verlangens
zoeken oude ogen
het geleefde gisteren;
schitterend verleden.

Denkend aan wat mij eigen is
mijn gezicht rustend
in mijn gevouwen handen
opdat mijn handpalmen
worden tot zijn handpalm,
verlangens naar het eigen land
voor eigen geluk.

49. Voor de dromen van kinderen

Zodra kinderen groot worden
wordt hun speelgoed klein
Moeder bekijkt het speelgoed
stuk voor stuk, bergt het weg
wanneer de kinderen naar het buitenland gaan:
in het verlangen hun voorbije jeugd
steeds weer aan te raken.

Kinderen leren al spelend
precies
de leugen van het verborgen leven
Ze gaan het huis uit
zoekend naar levenswaarheid.

Moeder blijft zoeken
naar de afdruk van hun vingers op het speelgoed
kust het speelgoed dat
haar kinderen in hun mond stopten
om de pijn te vergeten van het vertrek
van de kinderen die in het buitenland studeren.

De herinneringen aan haar kinderen
die in hun speelgoed zijn bewaard
roept ze een voor een op
zo vermindert ze de pijn van haar eigen herinneringen.

In haar geheugen bewaart ze
het speelgoed van haar kinderen
en in hun speelgoed legt ze
haar liefdevolle, verlangende aanraking
denkend dat uiteindelijk
het speelgoed zich haar kinderen zal herinneren
precies zoals zij.

Ook de oude driewieler
zet ze soms in de verlaten tuin
en ze denkt aan de voeten van de kinderen
nu in een militaire parade
of in een opstijgend vliegtuig
of hun land beschermend
of haar onderdanen dienend.

Met haar oude ogen
zegent ze de nieuwe droomwereld
in de ogen van haar kinderen
opdat deze nooit
de tranen van giftige slavernij hoeven te drinken.

Ook nu nog citeert ze in haar e-mails het vers
van Tulsi dat ze in haar jeugd zong,
dat niet alleen van de Ramcaritmanas
maar ook van het leven de essentie is:
'vrouwen is nooit geluk beschoren
en, wie iemand naar waarheid lief heeft, die wordt met diegene
verenigd, hieraan is geen enkele twijfel'.

Kinderen
laten hun speelgoedbeesten achter
en trekken erop uit
om te strijden
tegen de moorddadige beesten
die zich in mannenharten verscholen houden.

Kinderen
laten hun speelgoedauto en vliegtuig achter
vertrekken per vliegtuig
op zoek naar een nieuw bestaan
beter dan dat van vader en moeder,
dat ze ooit
in hun jeugd aan vaders borst geklemd
in het kloppen van zijn hart hadden gehoord,
dat ze ooit hadden gezien als een droom
in de wieg van moeders ogen.

50. 't Goud in je handen

In Suriname
spreken de winden
de taal van de lente.

De zee zingt
het lied van de wolken
in regendruppels
klinkt het gloedvolle gezang
van het bulderen van de oceaan
de zon barst open
in haar eigen goudkleurige hitte.

De goudkleurige zonnestralen
worden tot goud
om ver van Surinames drassige zeegrond
heel ver van menselijke bewoning,
verstrikt in de junglelianen,
in de grond van Sabana
de geschiedenis van goud te schrijven.

Stilletjes drongen de vernietigende
buitenlandse gouddelvers hier binnen met hun werklui
Voor hun lichaamsarbeid
werden slapende hoeren betaald
met kakelvers, echt goud
dat uit de aarde tevoorschijn kwam,
in ruil voor een jong lijf.

Alsof zij tot het menselijk ras behoren
op het hoofd een gouden kroon: 'gevleugelde powisi';
de Surinaamse powisivogel in mensenvorm.

51. God

In pijn
wordt God
bewaard.

In pijn
zoeken ogen
naar God.

In het eigen bewustzijn
staat God en
biedt wijsheid
tegen pijn.

52. Cees Mourik

Zijn voeten stevig op de grond geplant
alsof ze uit de aarde gegroeid zijn
en ook hij een voortbrengsel is van het bos,
een boswezen.

Zijn ogen nog blauwer door het
blauw van de lucht
Vanuit de overvloed van de oceaan
vult deze uitbundige boezemvriend
zijn hart met grenzeloos mededogen.

Als Nederlander
als wereldreiziger
verdrijft hij de vermoeidheid van het werk
in het bos
zoveel nobeler dan de geciviliseerde wereld.

Hij jaagt
maar houdt van dieren
Om bos en dier te behouden,
jaagt hij, dit wezen.

Als het gesprek ernstig wordt,
draait hij met zijn wijsvinger
rondjes tegen zijn slaap
alsof hij zijn geest steeds
moet vast schroeven.

Als hij het over geld heeft,
wrijft hij met zijn vingers
rondjes over zijn duim
en verkondigt: 'money'
'money and mind' dat is Cees Mourik.

Voor 'money' is 'mind' nodig
maar voor 'mind' wel iets meer
en dat geheim kent Cees Mourik
en Cees Mourik alleen.

Als wielen die altijd in beweging zijn,
zijn zijn voeten, onvermoeibaar
Zodra hij even vrij is,
vult hij zijn tijd en zijn ogen
in het bos.

Vanaf de muren van zijn kantoor aan huis,
aan de oever van de zeewaardige rivier,
staren de onschuldige ogen van herten en antilopen.

Op de tafels zitten vogels
alsof het hout van de tafel
een boomtak is.

De hele dag bezig met zaken
ploegend, discussiërend,
zet hij zich bij de avondschemer voldaan terneer
zijn dieren als een schild om zich heen
en hij streelt een levenloos voorhoofd
een lichaam
vacht
alsof in die lijven, hoe levenloos ook
het plezier van de aanraking bewaard is gebleven.

Voor kinderen de handdruk van een engel
Voor vrienden de hand van een vriend.

53. Peter Brands

Peter,
de mensen mogen je.

Jouw woorden zijn werkelijk die
van vertrouwen en verwantschap.

Toch
ben je geen schrijver
of een politiek leider.

Zelfs in barre tijden,
slapen de mensen,
een slaap vol dromen en geluk
maar jij blijft wakker en
vraagt je af hoe de mensen te helpen
vooral de eerlijke, de simpele, in deze tijd.

Toch
ben je geen sociaal werker
of afgezant van een kerk.

Jouw innerlijke ogen
willen aanraken:
de pijn van de bittere strijd van de mensheid
en van de menselijke beschaving
stil besloten in gedenktekens,
historische plaatsen en musea.

Toch
ben je geen kenner van oude culturen
of historicus van beroep.

Wanneer iedereen gulzig is
en de mensen alles willen opschrokken
en vermalen,
eet jij weinig
en alcohol drink je zo mogelijk nog minder.

Toch
is daartoe geen medische noodzaak
noch voor het lichaam noch voor de geest.

Manager van een internationale bank
hoeder van adellijk bezit
vrij van hebzucht, zelfs te midden van welvarenden
rijk in menselijk medeleven
bezorgd om de zorgen van vrienden
sta je soms aan hun kant
tegenover jezelf.

Toch
ben je geen heilige
of asceet of monnik van de een of andere orde.

Je ontkurkt handig wijnflessen
maar meer dan in lust tot drinken
is jouw plezier gelegen
in het genot van de drinkers.

Hun vreugde is de jouwe
jij vindt in andermans leven,
je eigen levensvreugd.

Toch
ben je geen ziener
of spirituele zoeker.

Welbekend met de onrechtvaardigheid
der rechtvaardigen
en met de wereldlijke kunst van eigenbelang
sta jij zelf daar ver boven.

Gewond door de angel van de wereld
ken je de foefjes van ogenschijnlijke oprechtheid.

Toch
heb je een duidelijk beeld
van je eigen verantwoordelijkheid.

Peter Brands
Je bent geen voorzitter van een mensenrechtenorganisatie
en geen actievoerder bovendien.

Maar je gaat vastbesloten je eigen weg
je bent een wijs en waardig mens,
op deze aarde
waar zelfs verwanten
zomaar vreemden worden.

54. Het graan van vertrouwen

Aan de zon
geef ik jouw warmte.

Aan de rivier
draag ik jouw koelte op.

Aan de wind
sta ik jouw lente af.

Aan de bloemen
geef ik de kleur van jouw lippen.

Aan de bomen
de hoogte van jouw aanraking.

Aan de aarde
jouw geur van verse klei.

Aan de natuur
geef ik de aanraking van jouw ademhalen.

In de tuin
plant ik de onvergankelijke banyanboom van jouw vertrouwen.

Van jouw schoonheid
maak ik een teder beeld van liefde
dat stilletjes komt vertellen wat
jouw onschuldige, ongeboren wensen zijn
jouw zoete, onbekende dromen
de eenzame monoloog van jouw dag
het deerniswekkend, eenzaam huilen van jouw nachten.

Jouw geloof schenk ik aan
het beeld in de tempel.

Aan God
de krachtige zuiverheid van goddelijke natuur
na de ontmoeting met jou.

55. Zielskunstenaar

Als van een land
zijn de grenzen van het lichaam
Als een land
is het lichaam verbonden met zijn beslommeringen.

Een vrije geest
maakt vrije liederen
in ogen ... in ademtochten
op het instrument van het hart.

Vrij is het hart
dat het lichaam vrij maakt
van de structuur van het zelf
en zelfstandigheid creëert.

56. Burgemeester Hans Cornelisse

Hans Cornelisse
voert in stilte
een gesprek
voorafgaand aan het overleg.

In het gemeentehuis
voert hij zijn beleid
simpel en
natuurlijk
en zo
kan hij dingen in beweging zetten
van beweging naar stroom
van stroom naar een golf
waarop zijn plannen meegevoerd worden
als boten.

Burgemeester Hans Cornelisse
kent als geen ander
de diepere werking
van de wereldpolitiek
toch houdt hij zich daarvan
verre;
wijdt zich aan de ontwikkeling
van het eigen klein gebied
wenst zich: de vooruitgang
en welvaart
van de gewone burgers,
het kind met de driewieler incluis.

Hij spaart de aarde om harentwil
dan zal immers alles gespaard blijven.

Hij houdt ook de Turkse
en Marokkaanse vrouwen in gedachten.

Waarom blijven die,
wonend in Nederland
steeds in huis,
alleen bezig met het huishouden?

Wie huis en haard kan bestieren,
kan toch alles leren?

Wie huis en nageslacht behoedt,
kan toch alles behoeden?

Land en talen ...
natuurlijk
hij weet
dat het de moeders zijn
die de aarde beschermen
wat hun eigen moederland
ook moge zijn.

Hij loopt altijd in gedachten
en zijn gedachten lopen altijd
als hij de volgende schakel treft
in het gedachtespoor
dat loopt door lichaam en geest
dan fietst hij fluitend verder
en in zijn fluiten
gonzen zijn gedachten mee.

Toen door financiële crises
banken en landen langzaam tot staan kwamen
daalden regeringen neer
vanuit hun zetels in vliegende schotels
tot in de rolstoelen
waarvoor toch echt
andere mensen nodig zijn
om die te besturen;
mensen die weten wat dat zeggen wil
en hoe zwaar dat is:
in een rolstoel zitten en die voortbewegen.

De regering wordt geleid
door de noden van het land
En zo verbond hij zich
hoogstaand mens
aan de regering
als diens
nederige dienaar.

Het geluk van anderen
laat zijn lach opborrelen.

Om zijn plichten te vervullen
duikt hij steeds weer op
uit de rivier
van verdriet
om het lichamelijk lijden van zijn vrouw Bettina.

In de kalmte van zijn vrouw
leeft hij zijn eigen geluk
Hans weet als geen ander
dat geen enkele vreugde groot genoeg is om
degene wiens lichaam in een rolstoel terecht is gekomen
daaruit te laten opstaan.

De belofte gedaan bij zijn verbintenis: "Ja, ik wil."
ligt hem ieder moment na aan het hart
Bettina maakt vleugels van haar handen
stijgt op vanuit haar rolstoel
tot aan haar geliefde.

Haar toewijding
is te zien in haar gezicht;
is toevluchtsoord voor Hans' ogen
waarin hij neerstrijkt en lacht
zelf
en, voor het achterland.

Zelfs in het stadhuis
houdt hij zich vast aan zijn pen
wetend dat
ook in dit tijdperk van computertoetsen
alleen in inkt geschreven woorden
het vermogen hebben
vervuld te worden
en de kracht overbrengen
van zijn eigen wensen.

57. Zon

Ik kijk
naar de maan van liefde
om te zien of
een straal maanlicht
neerdaalt
liefde gelijk.

58. In de palm van mijn hart

In de vreugdevlucht van ervaren
proefde ik
de nectar van mijn lichaam
op de lip van mijn geliefde.

59. Onsterfelijke Indiase Dorpen

Te midden van ondoordringbaarheid
voorbij de paden en sporen
waar een voertuig in kan doordringen
en reizigers te zien zijn
zijn rivieren ... als enige
ingang tot het oerwoud
en het oerwoud, als enige
toegang tot de rivieren

Alleen een kano
gemaakt van uitgehold bomenlijf
is van dorp tot dorp
van oerwoud tot oerwoud
vervoer – van oever tot eiland;
enige bron van waterweg.

Te midden van ondoordringbaarheid
aan de zich als vissen wendende,
monsoen-regen drinkende, immer levendige rivieren
leven de woudwezens, de vishaak van hun
eigen leven uitwerpend.

In onsterfelijke Indiase families
in volksstammen
De leden van de stam
jagen in het oerwoud
met pijl en boog, met speer.

Beginnen hun houten huizen
bovenop het lichaam van een boom.

60. Het dorp Nauders (Oostenrijk)

Een nederzetting in de diepte
van het hoge Alpengebergte,
toeristendorp Nauders
dat in het sneeuwseizoen
lijkt op een besneeuwd, wit kopje
en in de zomer op een groen uitgeslagen kom
waarin genesteld
het dorp, gevuld met hotels
lijkend op huizen met drie of vier verdiepingen.

Haar geschiedenis geschreven in kopersulfaat
nam de vallei,
beschermend thuis van hordes etnische immigranten,
in de vijftiende eeuw voor Christus
de Romeinse naam Nauders aan.

De ogen van het dorp
ondergingen de vernietigende frons
van Duitse, Romeinse en Franse soldaten.

Romeinse strijders en talloze handelaren
drukten hun stempel op het dorp Nauders
in de veertiende eeuw.

Een strijd op leven en dood
tussen Nauders en Engadin
ontvlamde van dorp tot dorp.

De Alpen zagen
de vernietigende strijd
met lede ogen aan.

In 1799 wilden Franse soldaten Nauders opslokken
om de soldaten weg te jagen;
angst aan te jagen voor de vechtcultuur
fronsten zelfs de Alpen hun wenkbrauwen.

In 1609 vormden zich linten van sneeuw tussen de dorpen
in 1871 liet een overstroming
slechts twintig huizen staan
een storm die woedde in 1880
reduceerde Nauders tot as
en liet nog veel minder over.

Wat de kerk zag
en wat ontelbare kerken zien
is een macabere dodendans
opgevoerd
als de dans van Shiva op de berg Kailash
een dans die geen soldaat heeft kunnen voorkomen
ook het kasteel staat daar
en kijkt met de mensen mee.

61. Burgemeester Piet Bruinooge

Wanneer
    zijn geest rusteloos
    poëzie wil lezen
    gaat hij op weg
    naar de paden,
    de zanderige oevers
    gevormd door de handpalmen van golven.

Het schijnt hem toe
    dat hij de voetzolen van zijn inlevingsvermogen
    zet op de aarde van het gedicht
    en voelt
    de tederheid van het vers
    op de bladzijde van de wereld.

Wanneer
    zijn geest rusteloos
    poëzie wil leven
    gaat hij op pad
    naar de groene wegen
    waar de wind zijn haren streelt,
    zijn voorhoofd beroert.

Aangeraakt, besprenkeld
met affectie, liefde.

Zijn ogen
veranderen
op het strand:
drinken uit holle handen
de indruk die liefde achterliet
in de golven van de zee.

De handpalmen van de wind
vinden zijn handen
en hij voelt:
dan weer de genegenheid van de aarde
dan weer de handdruk van zijn geliefde.

Zelfs wanneer hij alleen is
slaat hij de wind om,
haar vochtigheid,
en is niet langer alleen.

Van binnen
omhult hij: schepping
                aarde
                water
                het vuur van de zon
                hemel
zijn ziel verzadigd
als nam hij in zijn lichaam
de vijf elementen op
om een lichaam van liefde te creëren
dat altijd bij hem moge blijven
adem gelijk.

Dat hij kan voelen
als zijn hartenklop
dat hij kan horen
als de muziek van zijn ziel
om het leven tot een melodie te vormen.

Geschiedenis
is zijn eerste liefde
omdat
de geschiedenis zelf
hem het leven schonk
waarin hij staat:
als een getuige
van het maken van geschiedenis van zijn eigen tijd.

Poëzie is zijn hartsgezel:
die hem opbeurt
bij verdriet;
hem wegvoert
van twijfel
en die hij altijd bij zijn zijde vindt
wanneer hij haar nodig heeft.

62. Herman van Veen
Dichter, geroemd in Nederlands en Duits taalgebied

Herman
maakt in het gedicht
woorden tot mensen
soms een zanger
soms een muzikant
soms bedenker
soms uitvoerder.

Herman
schept
in het vers
woorden tot kunstenaars
bespeelt ze als instrumenten
en rijgt zelf:
dan weer toon
dan melodie
dan ritme.

In Hermans compositie
worden woorden
tot één toon
soms als van een gitaar
soms een viool
In de warmte van zijn handen
wordt de echo van het stemmen
als een wereldwijde oproep:
aan kunst
aan menselijkheid.

Hermans kunst
is deel van zijn wezen
is als een van zijn ledematen
waartoe behoren – zijn instrumenten
die klinken als zijn buitengewoon handgeklap
die zijn als de verscheidenheid aan geluiden
van vogels die net ontwaken in de jungle
en op gezette tijden een ander lied laten horen.

In Hermans stem
hoort men
het eeuwig gonzen van de golven in de zee
of het innerlijk geluid van wind die in de jungle waait
soms stille onrust
zoals die klinkt in lentebries.

Herman
toont ons het bestaan van de aarde
als kunstenaar
in zijn voorstellingen:
in hem vervat
door hem geuit,
niet te evenaren.

Het symbool van de Nederlandse vlag
dan rood
soms
als een diep marineblauw banier
hemdsmouwen opgestroopt
vrij
wordt een voertuig voor verwondering
een voertuig voor de godin van de kunsten
en
bereikt – hetzij voorstelling
dan wel muziek
of toneel
of
worden woorden in het gedicht
aangeraakt door vingertoppen
als handpalmen
die de taal leven inblazen
van waaruit – als hoorngeschal
een aanraking komt
een handtekening
omdat ook een handtekening
uit naam van woorden
een aanraking is.

Herman
maakt met alles zijn eigen poëtische taal
dans
zang
al zijn kunst
is poëzie
waarmee hij
uitdrukking geeft – met zijn lichaam
dat daardoor lichaamloos wordt –
dat het gedicht –dat soms een lied lijkt
                soms muziek is
                soms schilderij is
                soms natuur
in gesprek is met de mens.

Hermans lichaam
omhult energie
die, kunst geworden
resoneert
in de lichamen van luisteraars
en toeschouwers.

Herman belichaamt kunst
zeer bekwaam
soms door taal
soms met behulp van instrumenten
soms door middel van dans
en
soms door de zoete klanken die uit zijn keel stromen
zodat het publiek in het theater ervaart
dat ze getuige zijn van wonderbaarlijke magie
en van de levende caleidoscoop van de kunst
die ieder moment
verandert
als de levende schoonheid van de natuur.

Herman de dichter
is voedingsbodem voor de kunsten

In de voorstelling
glimlachen de gebaren
in de gevoeligheid van zijn stem
weerklinkt de stilte van de aarde
Herman de dichter
is aarde voor de kunsten.

Hij toont de schepping
door zijn kunst
in zijn kunst.

In zijn woorden spreken kleuren
in kleuren lossen woorden op.

Aan de hemel van zijn geest
wonen de kleuren van de regenboog
gewassen soms – door zijn eigen ogen
betreden soms – door zijn eigen voeten
alleen daarmee gekleurd.

De aarde van Hermans geest
danst – altijd
aan de kant van de schepping.

Aan de hemel van zijn blauwe ogen
stijgen soms de gekleurde ballonnen van zijn sympathieën op
dan weer hechten de veren van bontgekleurde vogels zich
aan de kleuren op zijn canvas
de schilderijen stijgen ermee op, nemen vlucht
tot ook de kleuren zich vliegend tonen
soms in schilderijen
dan weer in woorden.

Herman
de woorden van de dichter
zijn een levend voertuig
van het kleurenpalet van het hart.

Als de artiesten in het theater
presenteren
zijn woorden zich
soms als gedicht
dan weer van het podium afkomend
in het innerlijk theater van de lezer.

63. Jasper Cillessen
Nederlands voetbalkeeper

Jasper Cillessen
redt; het eigen voetbalhuis
niet alleen met handen en voeten
maar ook met zijn ogen.

Jaspers ogen blijven de bal volgen
onophoudelijk, tot 90 meter ver
ongeacht tussen de spelers van welk team de bal
zich bevindt
want hij kent de gang van de voetbal
die niet onderdoet voor de loop van welk hemellichaam dan ook
op het veld, te midden van voeten.

'Voetbal'
de onrust ervan gevangen in zijn blik
speelt niet langer
verandert van richting
gaat dan weer tegen de richting van de spelers in
springt op
kust de lucht
raakt dan weer van koers
buiten het voetbalveld.

Jasper Cillessen
vangt de bal al met zijn zintuigen
voordat hij de voetbal omklemt in de ronding van zijn handen
als de zetten van een schaker
schat Jasper eerst het schoppen en stoppen
van zijn tegenstander in.

Net zoals Jaspers voeten
vooruitgaan
kijken ze vooruit
als ze op hun schreden terugkeren.

Nog voor de voetbal zijn huis binnendringt
bereikt Jasper, als een wachter,
al de begrenzing ervan
en duwt 'm weg
ver tussen de voeten van zijn teamgenoten
zodat deze, zich ontfermend over de voetbal
'het' bereiken
een goal in het huis van de ander.

Jasper houdt de wacht
tot 90 meter ver
over de overwinning van het Nederlandse team
opdat de door zijn team te maken goal
niet verloren gaat
door onachtzaamheid.

Jasper de keeper
voorkomt steeds de goals van de tegenstanders
door zijn behendigheid
zodat op het voorhoofd van coach Louis van Gaal
in plaats van zorgrimpels
een overwinningsteken staat.

64. Onuitwisbaar spiegelbeeld

Aan de zon
geef ik jouw warmte.

Aan de rivier
draag ik jouw koelte op.

Aan de wind
sta ik jouw lente af.

Aan de bloemen
geef ik de kleur van jouw lippen.

Aan de bomen
de hoogte van jouw aanraking.

Aan de aarde
jouw geur van verse klei.

Aan de natuur
geef ik de aanraking van jouw ademhalen.

In de tuin
plant ik de onvergankelijke banyanboom van
jouw vertrouwen
van jouw schoonheid
maak ik een teder beeld van liefde
dat stilletjes komt vertellen wat
jouw onschuldige, ongeboren wensen zijn
jouw zoete, onbekende dromen.

De eenzame monoloog van jouw dag
het deerniswekkend, eenzaam huilen van
jouw nachten.

Jouw geloof schenk ik aan
het beeld in de tempel
aan God
de krachtige zuiverheid van goddelijke natuur
na de ontmoeting met jou.

65. Bedroefde boezemvriend

Jij
bent het enige boek voor mij
het heilige boek van mijn geest.

Jij
bent de enige pen voor mij
speciale verslaggever van mijn diepste gevoelens.

Jij
bent de enige poëzie voor mij
waar bewijs van mijn scheppende kracht.

Jij
bent de enige bron van vertrouwen voor mij
ware gezel van mijn ziel.

Jij
bent de zuivere weegschaal van mijn leven
leven brengende zuurstof in mijn longen.

Jij
bent de enige levenskracht voor mijn lichaam
bedroefde boezemvriend van mijn bewustzijn.

De auteur

Dr. Pushpita Awasthi is een Indiase vrouw met Europese wortels. Ze is als denker, filosoof, schrijver, dichter, journalist, activist, verbonden met vele (niet-)gouvernementele instellingen.
Haar literaire reis is verankerd in de Indiase diaspora met vele mijlpalen. Buitenlandse reizen en langdurige verblijven resoneren koloniale culturen en ontdekken de pathos, dilemma's, ontberingen, strijd, identiteitscrisis en cultuurverlies van vijf generaties, gevangen in de matrix van oorsprong en geadopteerde land.
Pushpita Awasthi is drager van mondiale menselijke gevoeligheden door taal en literatuur te omarmen. In haar geschriften pleit ze voor wereldwijde vrede, geweldloosheid en menselijkheid, met een onwankelbaar optimisme dat India klaarstaat om het duister van deze materialistische, waardenarme wereld te verdrijven door middel van het licht van menselijkheid, spiritualiteit, zorg voor het klimaat, een natuurgerichte benadering en harmonisatie van culturen.

novum UITGEVERIJ VOOR NIEUWE AUTEURS

De uitgeverij

> Wie ophoudt
> beter te worden
> is opgehouden
> goed te zijn!

Op basis van dit motto zoekt uitgeverij novum steeds nieuwe manuscripten! Ondertussen zijn wij in Nederland, Duitsland, Oostenrijk en Zwitserland dé specialist voor nieuwe auteurs.

Elk manuscript dat wij ontvangen wordt gratis door onze redactie beoordeeld.

Meer informatie over onze uitgeverij en over onze boeken kunt u op online vinden onder:

www.novumpublishing.nl

Pushpita Awasthi
Knot of Love
Short stories
ISBN 978-3-99146-524-9
110 bladzijden

Knot of Love is a compilation of stories which muse on the dichotomy of heartbreak and joy, of fate and circumstance. The reader is invited to contemplate the beauty and darkness of humankind within fables of thoughtfully woven text.